别害怕冲突

谷雨 编著

YNK 云南科技出版社
· 昆明 ·

图书在版编目（CIP）数据

别害怕冲突 / 谷雨编著 . -- 昆明 : 云南科技出版
社 , 2024. 12. -- ISBN 978-7-5587-6154-6

Ⅰ . C912.11-49

中国国家版本馆 CIP 数据核字第 2025ME2557 号

别害怕冲突
BIE HAIPA CHONGTU

谷雨　编著

出 版 人：温　翔

责任编辑：叶佳林

特约编辑：刘慧滢

封面设计：韩海静

责任校对：孙玮贤

责任印制：蒋丽芬

书　　号：ISBN 978-7-5587-6154-6

印　　刷：三河市南阳印刷有限公司

开　　本：710mm×1000mm　1/16

印　　张：8

字　　数：142千字

版　　次：2024年12月第1版

印　　次：2024年12月第1次印刷

定　　价：59.00元

出版发行：云南科技出版社

地　　址：昆明市环城西路609号

电　　话：0871-64192752

导语

亲爱的孩子：

在你成长的道路上，冲突或许是一个让你感到困惑甚至害怕的事情。但请不要畏惧，因为冲突并不可怕，它是生活中不可避免的一部分。了解冲突，正视冲突，才能更好地成长。

冲突的根源往往来自不同的观点、需求和利益的碰撞。每个人都是独一无二的，有着不同的想法、喜好和目标。当这些不同相互交织时，冲突就可能产生。比如，你可能想玩某个游戏，而你的小伙伴却想玩另一个；或者你希望得到某个东西，而别人也有同样的渴望。然而，害怕和回避冲突并不是解决问题的办法，只会让问题越积越多，让你陷入被动和不安。所以，请勇敢地面对冲突，学会拒绝不合理的要求，坚守自己的原则和底线。

同时，冲突也是一个锻炼本领、强大自我的机会。在解决冲突的过程中，你需要学会沟通、协商和合作。这些都是非常重要的生活技能，能够帮助你更好地与他人相处，处理各种复杂的情况。

这本书深入剖析了冲突的根源，帮助你理解冲突为何会产生。每节的六格漫画犹如一扇扇生动的窗户，再现了成长中的难题。书中还给出了解决问题的方法，你可以在阅读漫画的过程中，学习到如何应对各种冲突，提升自己解决问题的能力。

孩子，不要害怕冲突。勇敢地迎接它，用你们的智慧和勇气去化解它。相信自己，你一定能够在冲突中不断成长，变得更加坚强、自信和成熟。

目录

3 PART

4 PART

1
PART

害怕冲突的根源是：
对未知的恐惧

生活中，与他人发生冲突是非常正常的事情。但当冲突真正发生时，很多小朋友还是不知道该怎么应对。古话说"知彼知己，百战不殆"，所以只有先了解了冲突的本质，才能更加轻松地化解它。

所谓冲突，就是一方或者多方在某件事物上拥有对立的观点、态度或处理方法，由此而产生的矛盾。所以，冲突的本质是因为立场的不同而发生的相互对抗行为。漫画中的龙龙和浩浩就是因为"玩具车究竟是谁弄坏的"而发生了争执。

面对冲突时，很多小朋友的第一想法是：自己陷入了麻烦中。有的小朋友会选择回避和沉默，从而显得无助而不知所措。

但事情不一定会因为逃避而得到解决，反而可能愈演愈烈。其实，化解冲突并不复杂，重要的是：千万不要害怕它，更不要逃避。有句俗语叫"世上无难事，只怕有心人"，千万别把冲突都当做坏事情，因为每一个成长的点滴，或许就藏在这些"麻烦事"里，把它们当做一次历练，结果可能会大不相同。

其实，龙龙和浩浩的冲突焦点是：究竟谁该为玩具车的损坏负责。想处理好这件事，注意力就不能集中在搞清责任上，而应该把方向转到如何修好玩具车上。这样一来，冲突自然就化解了。根据这样的思路，可以有以下几种解决办法：

1 如果龙龙对朋友大度一点，不再继续追究浩浩的责任，问题就能得到解决，毕竟多一个朋友好过多一个敌人。

2 朋友的生日礼物因为浩浩的疏忽而摔坏了。所以，也应该理解龙龙的心情，尽可能补偿龙龙的遗憾也在情理之中。

3 其实，最好的方式是和解。如果他们一起把玩具车修好，既能弥补过错，又能修复受伤的友谊，这样不是一举两得吗？

老师这么说

　　相信，很多小朋友在遇到相同情况时，也会采取乐乐的做法——退缩。但多数时候，你越是逃避，对方就越有气势，到最后只会让自己落得一肚子的委屈，还会导致内心越来越抑郁，后患无穷。所以，这些做法都是错误的，应该及时被纠正。

原来是这样

　　一遇到冲突就想逃避，其实是"回避型人格"的一种表现。这类孩子往往性格内向、懦弱，甚至自卑，不敢和他人据理力争。这不只是性格那么简单，也是一种心理问题。安全感和自信的缺失，是导致回避型人格的主要原因。不过也不用太过忧虑，只要采取正确的方法，问题就能得到有效解决。

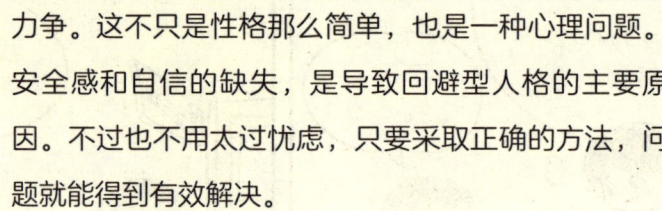

成长小课堂

　　既然回避型人格会有这么多坏处，那么我们该怎么确定自己是不是回避型人格呢？那就做个简单的小测试，看看下面的情况在你身上有没有吧。

1 　害怕被拒绝、批评、讨厌和反对，总是躲避责任，不愿与人相处，更不愿意与人互动。

2 　内心敏感，尤其是对别人批评的话。总是会介意很久，甚至会因此而感到自卑和自责。

3 　对于自己不熟悉的人或事都会选择逃避，面对矛盾时也会不自觉地退缩，认为自己没有能力处理好。

　　如果这些情形总在你的身上发生，那就要考虑自己是不是真的有"回避型人格"了。

老师这么说

　　还记得动画片《哆啦A梦》里的胖虎和大雄吗？懦弱的大雄总是被胖虎欺负，而他从来都是逃避和忍让，只有回到家里才敢说出心里话。你是不是那个"大雄"呢？要知道，当"忍让"变得没有底线时，冲突也就变了味道，你会变得看上去很好欺负。

原来是这样

　　遇到委屈时，不要第一时间选择逃避。当然，也不赞同小朋友们采用说脏话或使用暴力等不文明行为来反抗，那样也是不对的。正确的做法是要用道理和自身能力去合理化解，让对方意识到，欺负自己是不对的。

不管是在学校还是其他场合，小朋友们都要学会保护自己。如果你和其他小朋友的冲突发生了升级，要最大程度地避免自己受到欺凌和报复。首先，我们先认识一下，冲突和欺负的区别。

1 相比于欺负，冲突是有合理理由的，毫无理由且不友善的指责和挑剔就是欺负了。

2 冲突是一种矛盾的表现，但它是平等的。而欺负是不平等的，普遍带有强迫性。

3 冲突发生的根本目的是解决问题，而欺负不是，它带有更强的目的性，往往是为了满足自己的某种欲望。

假如你发现自己正在被他人欺凌，千万别以为这只是小朋友之间的玩闹，更不可以忍气吞声，赶快寻求他人的帮助才是唯一的解决办法。

老师这么说

　　从乐乐和小南的事情中，你是否搞清楚了分歧和冲突之间的区别呢？其实，分歧就是意见和想法的不统一，它并没有冲突那么激烈，绝大多数分歧是可以通过沟通和商量解决的。而冲突可以看作是分歧的"升级版"，往往伴随激烈的情绪和语言，很容易伤害情感。

原来是这样

　　当与他人发生分歧时，在辩论中应该尽量保持克制，不要引发冲突。在故事中，小南的做法就很不可取，不但使问题陷入僵局，还对乐乐的心理造成了伤害，是一种不理智的做法。在团队的配合中，应该多聆听他人的建议，毕竟集体的利益应该放在个人利益之前，这才是优秀的孩子该有的觉悟。

在生活中，每个人都有自己的想法，看待问题的角度不同，意见自然就会出现分歧。如果遇到分歧，下面的方法可能会帮到你。

1 努力保持冷静，在沟通的过程中避免说过激的话，因为这样可能会让事情变得更加复杂而难以解决。

2 尝试认真倾听和分析对方的意见，并提出合理的异议，切莫固执己见。

3 "求同存异"是一个很好的办法，就是寻找彼此想法的共同点，过程中要保持耐心。

4 必要时可以寻求老师和同学的帮助，让他们提供额外的建议，这样更加有助于缓解沟通中产生的负面情绪。

5 忍让不是解决问题的唯一方式

听说你前几天和我们踢球不太愉快？

哪，哪有。

那我原谅你了，这本杂志就算你的道歉了！

让我尝尝，好不好吃。

啊？

怎么？你有意见？

没，没有……

龙龙新买的风筝，想借给我玩几天。

老师这么说

　　我们都知道一个道理，宽容是一种美德。但在有些时候，宽容和忍让就不再是美德了，而是软弱。比如在冲突和霸凌面前，一味地忍让可能会导致更加严重的后果。也许，你会觉得这些只是一时的困扰，忍一忍就过去了，但实际上真的会如此吗？

原来是这样

　　可能有些小朋友并不明白，忍耐也是有限度的。对于那些贪婪的人来说，欲望是没有止境的，你的软弱只会招来更多的"坏事情"。也许只是从一次小摩擦开始，你所表现出的柔弱，就成了对方打开贪婪欲望的钥匙，从此一发不可收拾。

成长小课堂

那么，没有原则地一味忍让到底会带来哪些严重后果呢？

1 　没有底线的妥协和忍让，会对自身内心造成十分严重的伤害，甚至诱发自我怀疑和抑郁的产生。

2 　过度地忍让，会给他人留下"软弱无能"的印象，这样会严重影响日常的社交，还会让自己产生自卑心理。

3 　在冲突中一味忍让，会给别人留下"好欺负"的印象，从而变本加厉地针对自己，最终很可能酿成严重的后果。

看完了这些，你还觉得忍让是解决一切问题的办法吗？看完这本书，相信你会对自己和冲突有一个新的认识，赶快努力改变自己吧！

老师这么说

　　吵架有时会让人感到害怕。但其实，并非所有吵架的目的都是为了发泄情绪，有的看起来更像是辩论。很多小朋友之间发生争吵的原因，是因为不愿意接受彼此的观点，是一种精神上的"攀比"。但这也并非像看上去的那么坏，你知道这是为什么吗？

原来是这样

　　小朋友们的想法天马行空，在想法上有冲突当然不可避免。而这种冲突不完全是坏事情，它们可能会迸发出新的灵感，促使我们改变思考方向，这就成了一件能解决问题的大好事。所以，冲突本身也是获取信息的一种途径，并没有什么值得害怕的，也许意外收获就藏在其中。

成长小课堂

因为见解不一致而引发的冲突十分常见，其实大人们也经常会遇到这样的情况。我们到底该如何利用冲突中掌握的信息来化解问题呢？下面我们就来分析一下。

1 先学会认真聆听别人的想法，这样可以杜绝绝大部分争吵。千万不要没经过思考就全盘否定别人的想法，要学会尊重别人。

2 试着结合大家的想法重新思考和规划，往往能够带来意想不到的效果。

3 不要把精力放在试图劝说别人接受你的想法上，而要用事实说话，可以采用实验等方式来证实谁是对的，争吵也就自然化解了。

看来我的想法不太可行，再试试别的方案吧。

2 PART

认清冲突的基础是： 先看透你自己

老师这么说

　　小朋友，龙龙的这些心事你也有吗？如果你也是一个老实巴交的孩子，感觉别人总是主动为难你，或者周围的人总是让你感到很失望的话，这时，一定不要让自己陷在沮丧里不能自拔，而是要理性地分析问题究竟出在哪里。

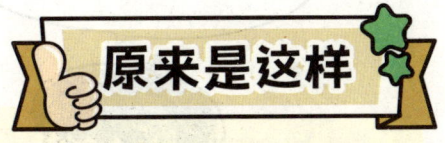

原来是这样

　　其实，龙龙的遭遇并不少见。虽然，同学们孤立他的做法很不对，但龙龙也应该反思一下自身的原因。他的问题主要有两个方面：一方面，龙龙处理事情不够果断坚决，容易让人产生不必要的误解；另一方面，龙龙一直对他人期望过高，突如其来的冲突会让他内心感到失望，进而使自己陷入难过的情绪。

那么，遇到龙龙那样的情况，该怎么做呢？

1 犹豫不决的办事作风，很可能引起对方的反感或误会。所以，锻炼自己的果断性，说话、做事不要拖泥带水，这是避免冲突的有效方式。

2 强化内心的承受力，从降低对他人的期望值开始。因为，不是所有人都会友善地处理事情。

3 对于品质并不坏的小朋友，不必刻意保持距离，也可以选择主动加入或者和解，这样可以避免更多的冲突。

龙龙，咱们一起玩吧。

虽然我不擅长踢毽子，但我愿意试一试。

你的胳膊过界了！

吓了我一跳，这有什么大不了的？

因为这边是我的地盘。

都是同桌，干嘛那么小气？

因为我不想和你同桌！

因为我不想和你同桌！

小南的话太伤人了，一想起来我就难过。

别把吵架的话当真，那是在伤害自己。

老师这么说

　　争吵和矛盾就像生活里的小插曲，随时都有可能发生。然而，在争论时，对方很可能会有意无意地说出一些很伤人的话，有些话还会非常具有攻击性。有的小朋友可能并不会放在心上，而有的小朋友则可能会因为这些话而难过好一阵子。那么，到底该怎么办呢？

原来是这样

　　对待争吵中那些伤人的话，其实不要太过当真，否则就只会让自己陷入精神内耗之中。所谓精神内耗，就是反复琢磨一些不好的事情，让自己精神疲惫不堪的心理状态。内耗其实比那些"气话"对你的伤害更大。此时，你要明白，真正伤害自己的不是那句话，而是自己对那句话的过度解读和纠结。

成长小课堂

如果，你也碰到了乐乐的这种情况，可以试试这么做，可能就没有那么难过了。

1 不要反复回忆这件事情，矛盾和冲突是很常见的事，没必要再给自己带来二次伤害。

2 提升自身的屏蔽力，把那些攻击语言的影响降到最低，并给自己心理暗示：如果我因此沮丧，对方就会更得意。

3 控制好自己的情绪，过于激动的情绪只会影响自己的判断，这样并不利于后面的反击。

哈哈，没关系，说不定你以后会发现，错过我这么好的同桌是你的损失呢。

3 吵架不一定要分对错，可以适可而止

有时候，当争吵发生时，我们往往会陷入一个思维的误区：一定要让对方意识到自己的错误。但实际上，如果对方真的能承认错误，那就不会有争吵的发生了。如果真的遇到发生冲突时各持己见的情况，我们到底该怎么办呢？

 原来是这样

如果遇到小南和乐乐这样的情况，辩解和指责都不能解决这件事情，只会让事情变得复杂，让关系变得紧张。正确的想法应该是：我在这件事里有什么责任？事后该如何解决或者弥补。你知道吗？主动提供解决思路，减少负面影响，不仅不会导致争吵，反而还可能会赢得对方的尊重。

成长小课堂

假如你是乐乐或者小南，遇到上面的情况，你会怎么做？现在，我们来看看聪明的孩子会如何化解这次"危机"吧。

1 平复情绪，主动转移话题，引导大家寻找弥补过失的办法。

2 假如对方还是不依不饶，那就不要再去争辩，提议让彼此冷静几分钟。正好趁着这个时间想想办法，等到大家的情绪都稳定下来，再向对方提出解决办法。

3 如果自己总是忍不住想"反击"，怎么办？那就转移自己的注意力，或者试着换位思考，总之用一切办法让自己摆脱"对与错"的争论，才能回到正题上来。

不如我们一起想办法，把没做完的实验完成吧。

这倒是个不错的主意。

老师这么说

　　不少小朋友都和龙龙一样，一旦与人发生争执，就会把错误归结到自己身上，认为都是自己不对。反省自身固然重要，但如果因为害怕冲突而不分对错地主动讨好别人，效果往往会适得其反。你知道这是为什么吗？

原来是这样

　　像龙龙这种情况，就是典型的"讨好型人格"。有讨好型人格的孩子，会特别在意别人是不是喜欢自己，他们经常忽略事情本身的对错，一味地觉得惹别人不高兴就是自己的问题，这样一来，不仅会伤害自己的内心，还会给真正犯错的人助长威风，让他们产生无论自己做什么别人都该道歉的错误认知。

爱讨好别人的孩子想要在冲突中不受委屈，首先就是要纠正讨好型人格，不妨从以下几个方面入手试一试。

1 学会明辨是非，不再对自己进行"道德绑架"，不是所有矛盾的发生都是自己的错。

2 学会自爱，因为你不可能让所有人都喜欢你。所以无论在什么情况下，都一定要善待自己，不要委曲求全。

3 学会自证，与对方摆事实、讲道理，或求助他人公正地判断自己是否错了，这也是缓解内心压力的好办法。

对于内心敏感的小朋友来说，别人一个不经意的举动都有可能伤害到他。有些小朋友会因此而默默苦恼，而有的则会猜疑对方是不是在针对自己，从而引发矛盾冲突，乐乐的情况就属于后者。那么，这一切是怎么发生的呢？

原来是这样

乐乐的这种心理在心理学上叫做"高敏感"，就是对待别人的评价和举动等过于敏感，容易伤感或做出冲动的判断。所以，有些高敏感的人会极力避免矛盾的发生，也有的很容易猜忌别人，引起不必要的冲突。

有"高敏感"特质的小朋友，在遇到冲突和猜忌时，内心都会经历非常痛苦的过程。如何改善，还要因人而异。但解决冲突没必要主动迎合，也不一定要大吵一架，可以试试这些方法。

1 以事实为依据，避免胡思乱想，引发误会。别忙着激动，先问清楚事情的缘由，然后再决定下一步对策。

2 学会情绪管理的小妙招，先试着深呼吸几秒钟，等待情绪稳定再与对方沟通。

3 通过锻炼、学习或者其他能让你专注的事情，转移注意力，达到让心情平静下来的目的。

小南，我看到我的橡皮擦在你的文具盒里，我们是不是遇到"灵异事件"了呀？

小北，你干什么？全被你搞砸了！

小南，我不是故意的，对不起……

说"对不起"有什么用？让我白白浪费了一上午的时间，你个大笨蛋！

本来是弟弟的错，但你得理不饶人的错误更严重。

对不起……

我们和好吧。

老师这么说

在冲突面前，因为性格的不同，小朋友们的做法也千差万别。有的没理也要辩三分，有的得理就不饶人。显然，这些都不是正确的做法，这样做不仅解决不了问题，还会让彼此的感情受到更大的伤害。

原来是这样

古人曾经说过："人非圣贤，孰能无过；过而能改，善莫大焉。"这句话的意思是说：所有人都有可能犯错，但犯了错能改就是最大的善良。这句话背后还可以引申出另一层意思：揪住别人的错误不放，不给别人改正的机会，就是最大的不善良。

多数小朋友之所以会"得理不饶人",主要是因为自己心里有"怨气"。假如想要做"最善良的人",应该如何处理这样的冲突呢?

1 　学会调节情绪,及时地排解内心的压力和怨气,这样可以有效地减少和别人的摩擦。

2 　有话好好说,把别人当成"出气筒"是不对的,即便自己占理,也应该好好沟通。

3 　学会宽容,内心成熟的孩子是不会揪着别人的错误不放的,懂得如何原谅他人才会让人刮目相看。

3
PART

克服回避的前提是：
胆子再大一些

喜欢推卸责任是很不好的做法，对于小朋友们来说这种行为很不利于身心的成长。其实，小孩子爱闯祸也是正常现象，这是由于你们正处于好动和好奇的年龄，所以千万不要因为逃避责罚就养成撒谎或者推诿的毛病。那么，你知道诚实、有担当的孩子该怎么做了吗？

有些小朋友在犯错后，经常把"是他让我这么干的""都是他的错"这样的话挂在嘴边。实际上，这些都是有意逃避责任和冲突的行为。这样做的坏处真的很多，最大的坏处就是容易让自己变得没有责任感，从而失去朋友、家人的信任。要知道，"敢作敢当"才是真正长大了的标志，因为害怕批评和责罚而推诿才是幼稚的象征。

如果你也害怕承担责任，那就试着改变自己，方法就在下面。怎么做一个懂事的小朋友，那就看你自己的了。

1 如果是无意中惹了祸，首先要坦诚地承认自己的错误，并试图寻求别人的理解和原谅，千万不要刻意编造理由或撒谎，这些都是坏习惯。

2 如果被责罚了，也不要灰心丧气，把这次经历当做教训，吸取教训并改正也是好孩子该有的做法。

3 及时弥补过错。小错误要试着自己想办法弥补，如果自己无法做到，就寻求家长们的帮助。要懂得：损失越小，你的错误也就越小。

妈妈，我把花瓶打碎了，不过我试着把它粘好了，希望您不要生气。

只要你懂事，比任何东西都珍贵！

在很多小朋友的认知里，和别人吵架就意味着彼此的关系受到伤害。所以，很多小朋友惧怕和朋友、同学吵架，这是大多数小朋友逃避冲突的重要原因之一。但，实际上，只要学会正确处理冲突，吵架不仅不会破坏关系，反而还会让彼此更加亲密。你们知道秘诀是什么吗？

其实，吵架真的不只有坏处，假如处理得当，反而是友情和亲情的"黏合剂"。其中的重点就是不要说伤害对方的话，就事论事才是解决争议最好的办法，而不是互相伤害。虽然有时吵架确实能帮助我们及时解开心结，但千万不要因为这个去故意和别人发生冲突，毕竟处理不好会真的伤和气，非不得已还是要尽量平和地沟通。

假如你也和好朋友吵架了，下面这些就一定要记在心里，只要不伤感情，越吵架，你们的关系就越亲密。

1 伤害对方的话一定不能说，"我开始讨厌你了""跟你做朋友，我真是看错人了"等，伤了别人的心，再挽回就难了。

2 绝情的事不能做，比如对对方说"咱们绝交吧""以后再也不理你了"等。不给自己和别人留台阶，假如以后想和好了，都会无计可施。

3 学会适可而止，注意说话方式，不要带有攻击性。多倾听对方的心声，吵架有度才能不伤和气。

4 吵架之后多分析自己的过错，多表达对对方的重视，反而能获得对方的更多好感。

算了，还是听你的吧，谁让我那么在乎朋友呢！

不会吧，这正是我想说的话呢！

老师这么说

　　相信不少小朋友都有被其他伙伴孤立的遭遇。尤其是那些"铁面无私"的班干部，很容易因为职务的原因得罪别的同学，然后陷入被排挤的境地。其实，在勇敢的孩子们眼里，被孤立并不值得害怕，反而是一种磨炼。

原来是这样

　　作为一个作风正直、思想端正的好孩子，就一定不能害怕被孤立，这同样是一种难得的勇气。一个班级，甚至一个企业中，好风气才是越来越壮大的根本。如果人人都不守规则，害怕冲突，对那些不良风气视而不见，那这个集体也就会如同散沙一样，无法凝聚人心。那些敢于直面歪风邪气的人，才是最值得敬佩的。

成长小课堂

可能每个人都希望自己人见人爱，成为受大家欢迎的人。但如果你像乐乐一样，是一名班干部，有时不得不得罪同学，又该怎么做呢？先看看这里的小方法，也许会让你受到一些启发。

1 作为一名合格的班干部或者有正义感的好孩子，就必须有和孤独和解的勇气。给自己一个信念：我是在为集体利益而努力，被孤立只是对自己心态的锻炼。

2 团结其他同学，找到自己的支持者，这样就有了和坏风气战斗的勇气。

3 对待孤立自己的小伙伴，如果"动之以情，晓之以理"并不管用，也万万不能选择妥协，只要老师认可你的做法，就说明你没有错。继续开心地学习，优异的成绩自然会让他们服气。

乐乐，我考虑让你代理班长，也可以锻炼你的能力。

啊？我能行吗？

你品学兼优，只是差一些胆量。

该怎么给自己胆量呢？

遇到难题就告诉自己"我不怕"！

哦，哦，知道了！

没关系，我不怕，我能行！

难题都是纸老虎，我一定能解出这道题！

今天起，乐乐就是我们班的代理班长。乐乐，你有没有信心？

没有什么值得畏惧的，我一定能做好！

老师这么说

也许，很多小朋友都会有一个困扰：在面对困难时，到底什么才是解决困难的钥匙呢？有的小朋友一定会脱口而出，"能力"。但有一种东西比能力更为重要，那就是克服困难的勇气，它才是打开成功之门的钥匙，你知道这是为什么吗？

原来是这样

很多小朋友在面对困难和问题时，一直抱有畏惧的心态。这种心理的产生，多数情况下是因为对自身的不自信造成的。这样的小朋友往往害怕挑战和接触不熟悉的事物，缺乏探索未知的勇气。缺乏自信会导致缺乏安全感，无助和恐惧感会让自己失去理性的判断能力，有百害而无一利。

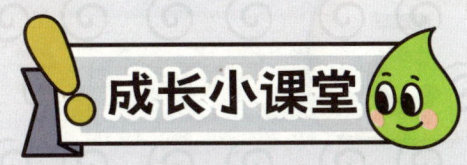

勇气是克服困难和冲突的利器之一。如果你也缺乏勇气，不如看看下面这些小建议。

1 经常给自己打气，用"我不怕、我能行"这样的话来鼓励自己，这是增强勇气最好用的方式之一。

2 有问题别回避，试着面对它们。从小事做起，在成功克服一些困难后，自信心也会随之增长，勇气自然也会增加。

3 虽然勇气很可贵，但也不要养成蛮干的坏习惯，遇事要尽力而为，认真思考利弊。

你怎么能作弊呢？

自己下不过我，还冤枉我作弊，人品简直太差了！

小强作弊，还说我人品差，太可气了！

那你该自己想想该怎么去解决你们的矛盾呀。

明明是你没放好自己的东西，凭什么让我道歉？

龙龙，你可以试试自己去解决和小虎的矛盾。

可是老师，我不敢……

你已经长大了，告状是小孩子才做的事情。老师相信你一定有能力解决！

我懂了，老师。

老师这么说

　　小朋友，你们知道龙龙懂得了一个什么道理吗？在每个人小的时候，都有自己能力解决不了的事情。这时候，寻求老师和家长的帮助是理所当然的。可是随着年龄的增长，很多事都不再是老师和家长的任务，学会独立面对也是人生的必修课之一。

原来是这样

　　依赖心理对于小朋友们来说，是普遍存在的现象。然而，动不动就找老师、告诉家长并不是对成长有利的事情。对于像龙龙所遇到的小矛盾，老师和家长并不是漠不关心，而是在引导他找到独立解决的勇气，如果我们长大后，依然凡事离开他人都无法进行下去，那会是相当悲哀的事情。

这里所说的独立解决，并不代表要逞强，我们的年纪还小，总有自己解决不了的事情。所以，遇事尽力而为才是重点，尤其是与小伙伴之间的问题，小孩的事情就要小孩自己去解决。先开动脑筋想想自己该怎么办，家长和老师的介入，只会适得其反。那我们到底该从哪里开始呢？

1 保持冷静很重要，一定要寻找合适的沟通方法，彼此敞开心扉，交流一些心里话，这对缓和关系很有帮助。

2 如果是自己的错，就坦诚道歉；假如是对方的问题，那就敞开胸怀选择包容和接纳。

3 学习之余可以进行反思，总结处理这些小矛盾的方式方法。必要时，可以邀请对方参与游戏或者活动，通过这种方式来修复友谊。

老师这么说

　　小朋友们，你们知道吗，当我们因为惧怕冲突而选择逃避时，其实错过了很多说出心里话的机会。有时候，冲突虽然让人头疼，但那也正是摆明问题和解释的最好时机。就如同乐乐的经历一样，她帮助了小南却不被理解，默默承受只会让事情更糟糕，而且还会加深彼此的误解。

原来是这样

　　解决问题并不一定都是在心平气和的前提下。在某些情境下，好好地吵一架或许能让大家都能够很好地释放压力，但一定要以不破坏信任为前提，更不可伤害对方。通常，良性的冲突反而会加深彼此的关系和理解。但如果在非必要的情况下，还是要尽量平静地沟通，讲出真实的内心想法才更重要。

讲了这么多，到底该如何在冲突中表达自己的真实想法才是正确的做法呢？

1 利用冲突，可以把平时无法解决的问题摆到台面上，让对方知道你的想法和现状。

2 在冲突中，不要只表达不满，也可以表达对对方的情感和重视，这样反而会更有助于引发对方的反思。

3 冲突虽然痛苦，但效果是长久的。如果你恰巧是班干部，处理好这些冲突更有利于你展现自身的能力，获得他人的信服。

PART 4

不怕冲突的秘诀是：
一定要学会拒绝

1 别当"老好人"，有原则给你撑腰

老师这么说

　　小朋友，你们觉得龙龙做得对吗？答案肯定是否定的。虽然他帮助了同学们，但却也因此放下了自己手头最重要的事情，真的是一点原则也没有，我们把这种性格特质的人讽刺性地称为"老好人"。你们知道"老好人"真正的含义吗？

原来是这样

　　"老好人"并不是用来夸赞人的一种称呼，而是对那些缺少原则底线，为了取得别人的认可而牺牲原则的人的专有称谓。可别以为"老好人"很冤枉，其实很多时候他们因为害怕得罪人，经常将事情搞砸，大家也把这种人叫做"烂好人"，可见害处有多大。

在日常生活中，到底该如何做才能摆脱"老好人"这个标签呢？

1 最重要的事当然是树立自己的原则和底线，对于那些无理要求应当要勇敢说"不"。

2 丢掉"对别人好，别人就该对自己好"的观念，养成独立自主的作风，不要太过看重他人的赞同。

3 培养自己做事的分寸感，不做随叫随到的"工具人"，也不做随声附和的"复读机"。

童童来啦！快进屋吧！

阿姨好！小南哥哥好！

小南，好孩子要学会分享，快把你的零食给童童拿出来。

呀，你怎么那么不小心啊！这个我最喜欢了！

你怎么这么说话，弟弟也不是故意的。

哎呀，又输了……

哎呀，你怎么不让着点弟弟呀！

童童，下次再来哦。

阿姨再见！小南哥哥再见！

妈妈，我已经是大孩子了，能不能以后给我留一些空间呢？

可能对于有些小朋友来说，家长就好像一个无死角的监视器，无时无刻不在关注自己的一举一动，动不动还拿家长的标准来要求自己。这些看似无微不至的关心和照顾，实际上却是摧毁孩子个性和创造力的"杀手"。如果你的父母就是这样的家长，你平时是怎么做的？

原来是这样

对于中国的父母们来说，他们希望孩子"成龙成凤"，所以总是强求孩子按照自己的意愿去生活和成长，不知不觉就让亲子关系失去了边界感。很多小朋友渴望有自己的生活空间和选择的权利，却在更加严密的束缚下变得越来越自卑和茫然，这才是我们在成长路上最大的"冲突"。

成长小课堂

对待"越界"的父母，显然叛逆并不是可取的方式。我们到底该怎么办，才能在不损害亲子感情的前提下，让父母懂得我们真正的需要呢？那就快去下面找找适合你的小建议吧。

1 直接而有效的沟通肯定是最佳选择，让父母知道你的想法，相信多数开明的家长都会接受的。

2 以实际行动争取到父母的信任，让他们看到你的成长，逐渐对你独立决策的能力感到放心。

3 必要时也可以和父母"约法三章"，互相约定彼此的物质界限和精神界限，随着成长再逐渐扩展这些"边界"。

老师这么说

　　谦让是我们中华民族的传统美德之一，是非常值得鼓励和传扬的品质。但是，在成长的过程中，我们会面临很多机遇，比如比赛、竞选、学习等，都对我们的进步有巨大的益处。这时候如果还是过度谦让，就会让我们错过很多难得的机会，也很有可能是一生的遗憾。龙龙谦让他人的行为固然值得肯定，那如果换做是一次班干部竞选呢？

原来是这样

　　在人的一生中，能抓住有限的机会是种很酷的能力。尤其是在成长阶段，每一次机遇都是在锻炼自己，为成长铺路。

　　所以，公平竞争是不需要谦让的，也不必害怕会引来竞争对手的不满，属于自己的机会一定要去合理争取。就像赛跑一样，勇敢向前冲，就算失败了也会有所收获。

如何锻炼自己敢于争取机会？其实一点也不难，做到以下几点，你就会发现自己在慢慢进步了。

1 锻炼胆量，先从在课堂上发言开始。大胆举手，表达自己的想法，让大家看到你的能力。这样，更多的机会就会来找你。

2 踊跃参加学校组织的活动，比如演讲、绘画、辩论比赛等。不仅能锻炼自己各方面的能力，还能拓宽自己的视野。

3 竞争是促进成长的最好动力，面对竞选班干部等机会，不要害怕，把自己的优势和想法说出来，大胆去争取。

老师这么说

我们说过"老好人"心态的害处很多，但这并不是鼓励大家有忙不帮，也不提倡用谎话去搪塞别人，这些同样是不好的行为。合理的拒绝和冷漠无情并不是一回事，在交际中做到张弛有度，更有效率地完成自己的目标才是最终目的。小朋友，你知道哪些拒绝无理要求的小妙招呢？

原来是这样

拒绝他人不合理要求的方式十分重要。如果我们能礼貌且坚定地拒绝，就可以避免很多冲突。好比有人想抄我们的作业，这时可以委婉地说："不会的题可以随时问我，但抄作业可不好。"这样既达到了拒绝的目的，又不会伤了和气，只有让别人了解我们的做事底线，才能让大家都能更尊重彼此。

让我们看看常见的拒绝的情形都有哪些吧。不过，都要记得，一定要坚持原则，而且千万不要撒谎哦！

1 如果他人的请求，已经严重与道德底线冲突，一定不要委婉，要干脆果断地说"不"。比如偷东西、作弊、撒谎等。

2 有些请求可能会造成一定的负面影响，比如课堂上破坏纪律的事，或者影响他人学习的事。这时候要站在对方立场说话，比如"老师讲的很重要"等。

3 还有一些无理要求，我们在拒绝时可以给出替代方案来化解。比如，对方想要玩危险的游戏，我们则可以提议玩更安全、更好玩的游戏来取代对方的建议。

龙龙，今天是愚人节，我们来点恶作剧怎么样？

恶作剧？

是呀，我打算捉弄一下乐乐，往她文具盒里放一只虫子，怎么样？

不行，那样会吓坏乐乐的！

怕什么？她又不知道是谁干的……

捉弄人可不对。

那就算了！

哎……

啊！

小南不理我了，我该怎么办呢……

老师这么说

　　其实，拒绝本身就带有负面性，所以我们才会一再提到：想学会拒绝，要先学会勇敢。那么，这种勇敢到底指的是什么呢？主要有两方面：当你面对别人的无理要求时，敢于开口果断拒绝；当因为拒绝而引发他人的不满和冲突时，也同样能够勇敢地面对，不会因此而自责和后悔。小朋友，你理解了吗？

原来是这样

　　虽然我们说了那么多关于拒绝的话题，但这并不意味着我们在拒绝别人的时候，每一次都能表现得很完美。龙龙的拒绝方式虽然有所欠缺，但他敢于拒绝的勇气才是最值得赞扬的。就像"管宁割席"的故事中所表达的那样，对待不能志同道合的友谊，即使割舍了又有什么值得可惜的呢？

成长小课堂

对待拒绝而带来的冲突，我们应该用下面的这些做法和心态去面对。

1 真诚地沟通，寻求对方的理解。虽然原则不能妥协，但可以尝试通过敞开心扉的交流来挽回友谊。

2 如果沟通没有效果，可以采取"冷处理"。暂且专心做自己的事，等待对方想通，问题也就自然解决了。

3 如果这些都没有用，那就勇敢地放下这段友情吧。用牺牲原则换来的友情是没有任何意义的。

老师这么说

　　很多小朋友在拒绝别人之后，就会产生莫名的愧疚心理。但我们必须要明白，拒绝并不代表你不友好。如果是不合理的要求，勇敢拒绝是正确的选择，不要让愧疚感困扰自己，完成自己的任务是你的责任，拒绝是你的权利。学会合理拒绝，才能更好地成长，正确看待拒绝这件事，才能变得更自信勇敢。

原来是这样

　　拒绝别人后产生愧疚心理，主要原因是过度在意他人的感受，害怕破坏关系。一方面，大家都希望在他人眼中保持良好的形象，拒绝后觉得自己没满足对方期望而愧疚。另一方面，担心拒绝会引发冲突，破坏和谐关系。这种愧疚心理并不代表善良，它会让人难以坚定自我，不断妥协，最终导致自己负担过重，影响身心健康和个人发展。

事实证明，乐乐的担忧是多余的，但现实生活中，我们该如何克服拒绝他人后的愧疚心理呢？其实，我们可以从以下几方面入手。

1 正确认识拒绝，做到是非分明。拒绝不合理的要求并不等于不友好或自私，而是在保护自己的权益。

2 肯定自己的做法。我们每个人都有不同的价值，并不一定要满足别人的要求。多给自己信心，满足自身成长，坚定自己的决心，才是对自己负责。

3 调整好心态。如果对方因为你的善意拒绝而闹情绪，那说明他并没有做好情绪管理。真正的友情不会因为小小的拒绝而破裂，"道德绑架"更不值得被同情。

5
PART

化解冲突的前提是：
锻炼这些本领

1 逃避吵架，不如练就"好嘴皮"

你怎么不爱惜别人的东西呢？

我可不想和你理论，反正你吵不过我。

你！

口才大师

哎呀！

对不起呀，龙龙又要哭鼻子了！

哭鼻子和欺负人都是小孩子才做的事情，我已经长大了！

老师这么说

在冲突中，什么才是化解问题的法宝呢？当然是无懈可击的口才了，但练习口才可不是为了争吵，而是为了更清晰地表达自己的想法和感受。用恰当的语言沟通，不仅能避免矛盾升级，还能帮助我们找到解决问题的办法。勇敢地去表达，学会用口才化解冲突，这些都是终身受益的成长。

原来是这样

"会说话"对于每个人来说都是至关重要的基本技能。好的口才可以促进沟通，让他人更好地理解自己所传达的信息。另外，口才对于提升自己的人际关系、避免和化解矛盾也有着十分重要的作用。但口才运用不得当也会适得其反，一定要注意说话时不要贬低和攻击别人，态度真诚且富有理性，更重要的是要先学会倾听。

很多小朋友一提到锻炼口才就觉得头疼。其实，想要一副好口才并没有那么难，按照下面的方法做就一定会有提升。

1 多阅读，多积累词汇。像名人典故、成语、歇后语、童话故事等都可以帮我们提高词汇积累，而且它们还是我们写作的好素材。

2 俗话说"光说不练假把式"，多多锻炼也是快速成长的好方法。在各种场合展示自己听说或者创作的小故事，不仅能锻炼口才，还能锻炼逻辑能力。

3 多参加各种讨论和辩论赛，不但可以增加"实战"经验，还可以向别人学习，真是一举多得的好方法。

龙龙怎么突然口才这么好了？以后都不要和他吵架了！

　　有些时候，在面对别人的指责和挑衅时，人们往往不能克制自己保持理性，这就是冲突爆发的根本原因。其实，不管遇到什么样的问题，良好的心态永远是解决问题重要的素质之一。好心态就是自信的表现，这更有助于我们理性地思考问题。那么，如果你是龙龙，你会用什么方法找到方向呢？

原来是这样

　　良好的心态能让小朋友在遇到冲突或者问题时保持冷静，避免因情绪失控而使冲突加剧。以平和心态看待冲突，能更客观地分析问题产生的原因，有助于找到合理的解决办法。而且，好心态有助于维护人际关系，避免因冲突而破坏友谊。这也为小朋友今后面对各种挑战时，提供了积极的心理基础。

成长小课堂

"好心态"并不是说出来的，而是练出来的。只要能做到这些，拥有好心态是迟早的事情。

1 用"我可以冷静处理""我能解决这个问题"等积极的暗示来鼓励自己，这真的可以给自己信心和勇气。

2 多做知识储备，真正能解决问题的还是各方面的知识积累，有了它们，什么问题都不在话下，冲突也不例外。

3 养成从积极的角度看待问题的习惯，多关注事情好的一面，这有益于培养乐观的思维方式和良好的心态。

很多小朋友都不懂得分享的意义。实际上，与伙伴们分享自己的快乐是一件非常值得高兴的事，它不仅有助于我们改善人际关系，还能展现出我们独特的人格魅力。而且，学会利用分享来解决矛盾，也是一个不错的选择呢！

分享是一种积极的行为表现，它意味着将自己拥有的物品、知识、快乐等与他人共同享用。对于小朋友来说，分享能培养慷慨大方的品质，让我们学会关心他人。通过分享，还可以扩大社交圈，获得好人缘，从而避免各种冲突的产生。但是，分享也要注意分寸和原则，尽量做到分享有度，这就是我们常说的"物权"意识。

分享并不是简单地把自己所有的东西都拿给别人，这里面还有很多值得我们注意的地方。

1 懂得分享技巧，不仅要会分享，还要会表达。这样，分享的意义才能达到最大。

2 建立分享原则。不是所有东西都必须分享，自己特别喜欢、珍贵或有特殊意义的东西不适合用来分享，不然可能会引发新的冲突。

3 分享后积极寻求反馈，这不仅是一个改进的机会，也能加深彼此的了解。

你昨天没交作业，老师肯定会批评你。

我不是故意不交的。

那你也应该提前跟老师说啊。

你怎么知道我没说，凭什么指责我？

说就说了，干嘛那么大声。

你才声音大呢！

小南，我不是想指责你，我只是觉得应该提前跟老师说一声比较好。

我知道了，其实我早就跟老师说了，只是你没听清楚。

看来还是要想好了再说话啊！

　　因为年龄的关系，小朋友们在表达时往往忽略了逻辑的梳理。虽说"童言无忌"，但是在某些场合，逻辑不清的表达真的会带来一些麻烦。就好比龙龙和小南，如果他们都能够认真思考之后再表达自己的想法，可能就不会有类似的小插曲发生了。假如是你的话，你会怎样去表达呢？

原来是这样

　　逻辑力是指正确、合理思考的能力，它包括对事物的观察、比较、分析、综合、抽象、概括、判断、推理等方式方法。逻辑力也是冲突时的"灭火器"，它能帮助我们清晰地梳理问题的来龙去脉，准确理解冲突发生的焦点。有良好逻辑力的人可以理性地表达自己的观点，避免情绪化的争吵，也更容易理解对方的想法，从而找到合理的解决方案，有效化解冲突。

如今，小朋友们正处在成长的关键期，是培养逻辑力的最好时期。这里有一些实用的小方法，下面就来分享一下。

1 通过玩逻辑游戏，可以有效锻炼我们的逻辑思维能力。比如积木、拼图、数字和文字游戏等。

2 用思考和提问引导逻辑力的提升。把生活中的所见所闻记录下来，和老师、家长以及小伙伴们探讨，并加入自己的思考，可以帮助我们活跃思维。

3 多听多学，这是扩展知识面、打开眼界的重要途径。尤其是学习编程等知识，可以很好地塑造我们的逻辑能力。

老师这么说

　　这样的画面，估计很多小朋友都似曾相识，当时你们是怎么处理的？显然，小南妈妈的处理方式充满了智慧，她没有给孩子讲大道理，也没有批评和责怪，而是让孩子们自己反思，这才是一个合格的"外援"应该做的。那么，妈妈的这个做法是如何让小南和小北转变想法的呢？

原来是这样

　　毫无疑问，小南妈妈在这场风波里，并没有充当"和事佬"的角色。小南和小北之所以能够和解，完全是反思起到了作用。其实，小朋友们之间的冲突并不复杂，往往只需要正确的引导。而"好孩子"三个字无形中给他们规定了思考的方向，谦让自然就成了唯一的答案。所以，当冲突无法得到化解时，找一个合格的外援对于消除隔阂是非常有用的，而彻底解决它还需要我们自己正确地面对问题并改进自身。

在冲突中，我们常常会感到困惑和无助，这时寻求第三方的调节以及进行自我反思就显得尤为重要。那到底该选择什么样的"外援"才能更好地解决冲突呢？

1 能解决冲突的人，一定是公正、客观且有一定影响力的人，如老师、长辈、让人信服的伙伴等。

2 一定要向调解人解释清楚冲突的起因、经过和自己的感受，以便他们更好地了解情况并提供有效的建议。

3 认真听取调解人的意见和建议，积极配合调解，努力寻找双方都能接受的解决方案。

你当时想了什么？

我只是想，以后还能和哥哥一起玩儿。

老师这么说

很多矛盾发生的根本原因，是因为互相的不理解造成的。人们都喜欢从自己的角度、自己的利益去衡量一件事的利弊，如果达不到自己的期望或者目标，就有可能引发冲突。老师的做法实际上就是在引导小虎换位思考。那么小朋友，你知道换位思考都能带来哪些好处吗？

原来是这样

换位思考是一种心理能力，即站在他人的角度去理解其观点、感受和需求。换位思考的重要性不可忽视，它能促进良好的人际关系，减少冲突。当换位思考时，我们能更准确地理解他人行为背后的原因，从而避免误解和矛盾。同时，也有助于提升我们的沟通效果，让对方感到被理解和尊重，增强彼此的信任，为合作与和谐相处奠定基础。

成长小课堂

换位思考并不等同于讨好别人，而是更全面、更理性地考虑问题。想做到换位思考，就要做到下面这些：

1 尽可能了解他人的目标、意图、需求等因素，最好记录下来作为参考。

2 与他人确认想法和需求，比如多问对方"我这样理解对吗？""你想说的是这个意思吗？"等等。

3 模拟对方的思考过程，或者亲身参与体验，真正深入体会他人的处境。

4 不断反思和改进，调整处理问题的方式和沟通方法等，这样换位思考的效果更好。

在生活中，冲突很常见，其实它们并不可怕。小朋友们之所以不能很好地处理冲突，实际上很可能是没找到合适的方法。冲突并不只有坏处，相反它们还有可能是帮助我们学会交际、锻炼情商、提升思考能力的好机会。通过小南的事，你能看出他在说服妈妈的过程中，都采取了哪些方法吗？

原来是这样

高情商是处理人际关系最重要的特质，它是逻辑力、表达力、理解力、反应力等能力的综合体现。小南在处理"滑板风波"的时候，就运用了情绪控制、适度表达、打消疑虑、主动邀请等方法。可见，想做到高情商处理问题，就要改变冲动行事的作风，用更理智、更高级的方法去解决问题，这也需要不断地训练和学习，从而提高自己的眼界和格局。

想要拥有高情商，我们可以在以下几个方面努力。

1 尽可能用委婉的方式表达意见。比如不赞同别人的意见时，可以提出另一种方案，而不是直接否定。

2 保持头脑清醒，不冲动说话，也不冲动行事。在情绪激动时，先冷静一段时间再说话和行动，这样能有效避免冲突的发生。

3 训练共情能力。多倾听和询问他人的看法，细致观察他人反应的细微之处。

6 PART

杜绝冲突的绝招是：塑造全新自我

1 自信心满满，朋友自然多多

自信的力量是不可忽视的，无数先贤和前辈在遭遇逆境时，都是依靠坚定的自信心走出困境的，像伟大的科学家爱因斯坦、居里夫人，发明大王爱迪生，我国南宋的大英雄文天祥、地质学家李四光，等等。在这些成功者眼中，任何难题都是让自己进步的动力。也正因为他们的自信，吸引了很多志同道合的朋友，与他们一起面对困难。

原来是这样

拥有自信的人敢于主动与他人交流，展现真实的自己，更容易吸引他人成为朋友。在冲突中，自信的人能冷静地表达自己的观点和感受，不卑不亢。他们相信自己有能力找到解决问题的方法，更愿意积极沟通协调，而不是陷入争吵或逃避。另外，朋友们的支持也会增强自信，大家共同面对才能让问题被和谐地解决。

自信就像一座灯塔，能够照亮我们的人生方向。拥有了自信，朋友自然多多，冲突也就变得不再可怕。从龙龙的改变中，我们可以知道，自信心的来源有以下这些：

1 给自己积极的暗示。不管遇到什么难题，一定要告诉自己"我是最棒的""我有很多优点"等积极的话语，这点很重要。

2 学习新的技能或知识，从成长中获得成就感。不断挑战自己，逐步突破舒适区，提升能力的同时增强自信心。

3 展现自己自信形象。注意仪容仪表，穿着整洁得体，保持良好的个人形象，会让自己感觉更自信。

你是最棒的！加油！

你有什么心事吗？

龙龙和乐乐进步都很大，我也想改变。

想改变还不容易，自己去争取机会啊！

什么意思？

你知道"毛遂自荐"的典故吗？

好像听说过。

战国时期，赵国的平原君遇到了难题，向门客寻求帮助。

一个叫毛遂的人主动请缨，他成功抓住机会展示出了自己的能力。

你干什么去？

我懂了！我这就去报名参加体育委员的竞选！

老师这么说

　　有时，我们会发现一种现象：有的小朋友一直很努力，但就是没什么起色，仍旧默默无闻。不管平时有多么努力，这类孩子在遇到棘手的问题时，还是会感到很无助，不知道怎么办。其实，这种努力都是被动的，他们没有真正地去争取改变和成长的机会，所以无法超越自己，逃避问题也就成了情理之中的事情。你们赞同小光的说法吗？

原来是这样

　　每一次挑战的机会，都是提升自身能力与素养的好时机。这使我们在面对冲突时更加理性和成熟，能够用更好的方式去交流和处理问题。把握住机会接触新鲜事物，能拓宽我们的视野，让我们从不同角度看待冲突，找到更具建设性的解决方案。而且，通过争取成长机会，我们向他人展示了积极向上的态度，有助于缓解紧张关系，促进矛盾的顺利解决。

成长是靠把握住一个又一个机遇而积累的，敢于面对挑战，才是真正优秀的孩子。想把握住机会，也要做足准备，它们都是什么呢？

1 制定一系列明确的目标。从小到大逐步实现，可以结合自己的爱好和优势。

2 接触不同领域的知识，多请教这方面的高手，进步最快，同时还能接触到新的机遇。

3 积极展示自我，不要怕失败，也不要因为失败而灰心丧气，只要参与就有收获。

老师，我想参加体育委员的竞选。我想试一试！

小光，你和龙龙性格完全不同，是怎么成为好朋友的？

如果没有那次的事件，可能我们不会成为朋友。

那是什么意思呢？

争吵就是这样开始的。

啊呀！

是我不好，请你原谅。

我的态度也不好，希望别介意。

于是我们就成为朋友了。

小光，乐乐，咱们出发吧！

正是那次冲突，才让我了解了他的品格。

老师这么说

俗话说"不打不相识"，龙龙和小光的友谊就是从矛盾冲突中而来的。虽然因为龙龙的疏忽，导致了冲突的发生。但龙龙能够及时认识到错误，并主动承认错误和道歉，这就是一个敢作敢当的好朋友的典型特征。所以，通过冲突能更好地观察出一个人的品质，如果你也遇到了和龙龙一样的小朋友，那就大胆和他做朋友吧！

原来是这样

一说到冲突，潜意识里大家都会觉得是不好的事情，但其实不然。冲突也可以成为我们获得友谊的一种途径。冲突是深入了解彼此的想法和需求的机会。在解决冲突的过程中，沟通、协商和妥协，都让我们更加了解彼此。而冲突后的友谊往往更加牢固，因为大家共同经历了挑战和成长。所以，不要逃避冲突，勇敢面对，正确地处理，也许就能从中收获真挚的友谊。

冲突如同一面镜子，能反映出他人的真实品质。在冲突中，我们可以仔细观察，判断对方是否适合成为我们的朋友。下面就来教你们一些常用的方法。

1 观察对方的情绪表现。如果他能够保持克制，以理性的方式解决问题，说明他有很好的心理素质，是个可以信赖的朋友。

2 留意对方的沟通语言和态度。如果对方是个尊重他人、善于倾听、愿意理解他人观点的人，更有可能成为好朋友。

3 如果在冲突中他能积极寻求解决方案，而不是一味地抱怨或逃避，那么他一定值得结交。

4 观察对方在冲突解决后，是否能放下芥蒂，不记仇。与宽容大度的人更容易建立长久的友谊。

老师这么说

　　其实，小光的做法值得很多小朋友学习，因为被别人否定和定义，确实是大多数人都很在意的事情。有的小朋友害怕自己的爱好会成为与朋友、同学以及家人产生矛盾的根源，因此选择了妥协和放弃，这不能不说是一种莫大的遗憾。如果是你的话，你会像小光那样坚持下去吗？

原来是这样

　　实际上，大可不必因为冲突就放弃做自己的权利。它们并不是一定就是对立的。有的冲突也可以用来检验我们的爱好、想法和意见等是否合理。通过分析他人的观点，更有助于我们认清自己，是否应该坚持下去。但是，坚持己见并非固执己见，而是要充分地吸取和思考别人的观点，这对我们的自我改进十分有好处。

成长小课堂

　　坚持自己喜欢的事情，能让我们的生活充满意义和活力。但如何正确地坚持，却是一门学问。以下是一些方法。

1 　设定明确的目标。可以把大目标分解成小目标，逐步实现，让大家看到不断进步的成果。

2 　合理安排时间和资源，积极行动，克服拖延，把喜欢的事情落实到日常行动中。

3 　当遇到外界压力或冲突时，积极寻找合适的方式化解冲突，不轻易放弃自己的喜好。

老师这么说

　　这里所说的"听话"，并不是顺从的意思，而是鼓励小朋友们要学会倾听。很多矛盾往往都是不懂得倾听别人的想法而引发的，互相理解的基础首先就是要互相听明白对方所表达的意思。无论是不理解也好，还是误解也好，其实都是不"听话"导致的。所以，龙龙的做法很可取，而小南妈妈则需要多倾听孩子的感受，才能避免孩子的心灵受到伤害。

原来是这样

　　倾听在避免和解决冲突时意义非凡。当我们用心去听别人说话的时候，对方会觉得自己被尊重、被理解。这样一来，紧张的气氛就能缓和，冲突也不会变得更严重。通过倾听，我们能知道别人是怎么想的、有什么需求和感受，这样就能找到问题出在哪儿。在解决冲突的时候，倾听能让双方沟通得更好，一起想办法解决问题，让关系变好，更加和谐。

可不要以为倾听就是用耳朵听那么简单，想把"听话"的作用完全发挥出来，其中还有很多门道。那到底怎么才能做到会倾听呢？先看看这些你有没有做到。

1 学会专注地听别人说话，最好停下手中的事情，把注意力都放在说话的人身上。

2 不要打断别人说话，忍住自己想要插话的冲动。即使有不同意见，也等对方说完后再表达。

3 重复和反馈也很重要，这样才能确认自己是否理解正确。适当给予回应，比如点头、微笑等。

4 保持耐心，千万不要急躁，耐心地引导对方把话说清楚，展现出你的包容。

你们是听话的好孩子，我也要做一个会"听话"的好妈妈。

老师这么说

　　在这个故事中，知识可起了大作用。小南聪明地运用课堂所学，成功化解了一次危机。正是知识和智慧让小南在关键时候有了办法，还成功化解了他们之间的小冲突。原本关系紧张的兄弟，这下可以开心地在一起玩耍了。这就是知识的厉害之处，而它最主要的来源就是学习了。小朋友，你都知道哪些关于运用知识解决问题的故事呢？

原来是这样

　　学习能给我们智慧，让我们在冲突发生时能理性分析问题根源。学习还能教会我们沟通技巧，让我们能更好地表达自己和理解他人，避免误解加深冲突。学习也能拓宽我们的视野和格局，让我们以更包容的心态看待不同观点，从而减少冲突的发生。所以，知识就是力量，也是心与心沟通的桥梁。

成长小课堂

我们发现，无论解决什么样的问题，知识都是基础。那平时我们该怎样学习，才能获得最高的效率呢？

1 给自己制定一个合理的阶段性学习规划，有条不紊地按照计划实现每一个学习目标。

2 充分结合阅读、听讲、实践等多种方式，加深对知识的掌握和理解。

3 定期对所学的知识进行复习，巩固记忆。巧用总结归纳等方法，强化知识体系。

4 除了学好课本知识外，还要注重课外拓展。比如更加专业的知识、生活技巧、社交口才、艺术、体育等，总之"技多不压身"，多学一些知识总没坏处。